Celebremos la
diversidad
hispana

LA GENTE Y LA CULTURA DE PUERTO RICO

Elizabeth Krajnik

Traducido por Esther Sarfatti

PowerKiDS
press.

New York

Published in 2018 by The Rosen Publishing Group, Inc.
29 East 21st Street, New York, NY 10010

First Edition

Translator: Esther Sarfatti
Editorial Director, Spanish: Nathalie Beullens-Maoui
Editor, Spanish: María Cristina Brusca
Editor: Theresa Morlock
Book Design: Rachel Rising

Photo Credits:Cover, Hola Images/Getty Images; Cover (background) Hamid Khan/EyeEm/Getty Images; Cover, p. 1 https://commons.wikimedia.org/wiki/File:Flag_of_Puerto_Rico.svg; p. 5 Kent Weakley/Shutterstock.com; p. 7 Sean Pavone/Shutterstock.com; p. 9 CIS/Shutterstock.com; p. 13 https://commons.wikimedia.org/wiki/File:Sonia_Sotomayor_in_SCOTUS_robe.jpg; p. 17 Paul_Brighton/Shutterstock.com; p.19 https://commons.wikimedia.org/wiki/File:Jos%C3%A9_Campeche.JPG; p. 25 Andrey Burmakin/Shutterstock.com; p. 30 Brothers Good/Shutterstock.com.

Library of Congress Cataloging-in-Publication Data

Names: Krajnik, Elizabeth, author.
Title: La gente y la cultura de Puerto Rico / Elizabeth Krajnik.
Description: New York : PowerKids Press, 2018. | Series: Celebremos la diversidad hispana | Includes index.
Identifiers: LCCN 2017026249 | ISBN 9781508163039 (library bound) | ISBN 9781538327241 (pbk.) | ISBN 9781538327555 (6 pack)
Subjects: LCSH: Puerto Rico–Juvenile literature.
Classification: LCC F1958.3 .K73 2018 | DDC 972.95–dc23
LC record available at https://lccn.loc.gov/2017026249

Manufactured in the United States of America

CPSIA Compliance Information: Batch #BW18PK: For Further Information contact Rosen Publishing, New York, New York at 1-800-237-9932

CONTENIDO

¡A LA AVENTURA!

Estás a punto de viajar a Puerto Rico, una isla preciosa situada en el mar Caribe, al este de la República Dominicana. Pero antes de hacer las maletas y subir al avión, hay que prepararse. ¿Qué ropa hay que llevar? ¿Cómo es la gente? ¿Qué se come allá? Aprender todo acerca de Puerto Rico y su gente llevaría mucho tiempo. Este libro te ayudará a conocer algunos datos importantes de Puerto Rico: sus tradiciones, comida, literatura y mucho más.

SAN JUAN

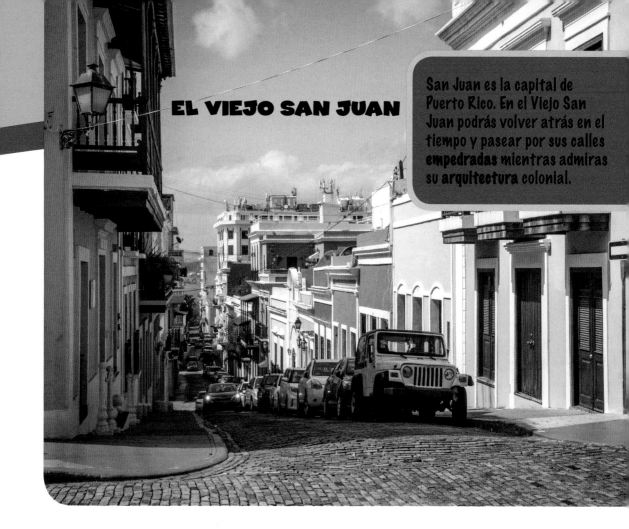

EL VIEJO SAN JUAN

San Juan es la capital de Puerto Rico. En el Viejo San Juan podrás volver atrás en el tiempo y pasear por sus calles empedradas mientras admiras su arquitectura colonial.

Puerto Rico está cerca de los trópicos. Eso significa que el clima es cálido y húmedo. La temperatura promedio durante todo el año es bastante alta, manteniéndose en unos 85 °F (29.4 °C). ¡No te olvides de empacar pantalones cortos y camisetas!

COLÓN LLEGA A LA ISLA

En 1493, el explorador Cristóbal Colón llegó a la isla que hoy se conoce como Puerto Rico. Sin embargo, la isla no tuvo siempre ese nombre. Colón la llamó San Juan Bautista. Más tarde, cuando se descubrió que había oro en un río de la isla, su nombre se cambió a Puerto Rico.

En Puerto Rico ya vivía gente cuando llegó Colón. En la isla había entre 70,000 y 100,000 habitantes **indígenas** llamados taínos. Los taínos le habían dado a la isla el nombre Boriquén, que en su lengua significa "gran tierra del **valiente** y noble señor".

Colón conquistó la isla y la convirtió en una importante colonia española que producía ganado y cultivos, como caña de azúcar y tabaco.

Puerto Rico fue una colonia muy importante. Los españoles construyeron fortalezas enormes, como el castillo de San Felipe del Morro (que se ve en la foto), para impedir que lo conquistaran otros países.

LA LUCHA POR LA INDEPENDENCIA

Puerto Rico formó parte del Imperio español durante unos 400 años. Esto no significa que los isleños estuvieran contentos con sus **circunstancias**. Los disturbios políticos eran frecuentes en la colonia. En 1865, los dirigentes locales pidieron que se aboliera la esclavitud; muchos políticos españoles consideraron que esta petición era el principio de una **rebelión**. Detuvieron a algunos habitantes de la isla y los enviaron a España para ser juzgados. Esto provocó un levantamiento conocido como el Grito de Lares, el 23 de septiembre de 1868.

Al final de la guerra hispano-estadounidense, en 1898, España cedió, o entregó, Cuba, Puerto Rico, Filipinas y Guam a Estados Unidos bajo el Tratado de París. Según este acuerdo, Puerto Rico no podía establecer su propio gobierno independiente. Así, Puerto Rico se convirtió en territorio de Estados Unidos. En 1917, los puertorriqueños recibieron la ciudadanía estadounidense.

Cuando Estados Unidos obtuvo el control de Puerto Rico, la isla le sirvió de puerto para cargar carbón en los barcos de guerra. Puerto Rico estaba a mitad de camino entre Estados Unidos y el canal de Panamá.

La lucha continúa

En 1952, Puerto Rico se convirtió en un estado libre asociado a Estados Unidos; tiene su propia Constitución y Gobierno, pero también está sujeto al Gobierno de Estados Unidos. Algunos puertorriqueños desean que Puerto Rico se convierta en un estado de Estados Unidos. En junio de 2016, el gobernador de Puerto Rico, Alejandro J. García Padilla, habló en las Naciones Unidas, en Nueva York, sobre la situación de estado libre asociado de Puerto Rico. Esto quiere decir que Puerto Rico es autónomo; pero Estados Unidos controla su comercio y sus fuerzas armadas, entre otras cosas. Los puertorriqueños están divididos en cuanto a la posibilidad de convertirse en estado. Muchos siguen luchando por su total independencia.

CREENCIAS RELIGIOSAS

Actualmente, la mayoría de los puertorriqueños practican el catolicismo. Cuando los españoles llegaron a la isla, introdujeron su religión. Las creencias católicas se mezclaron con las de los taínos y los africanos, quienes eran esclavos de los españoles. Así, se creó una nueva religión que se conoce como espiritismo. Los seguidores del espiritismo creen en fuerzas mágicas que pueden ser buenas o malas.

El espiritismo todavía se practica en la actualidad. Es muy común entre las familias puertorriqueñas la costumbre de dejar un bol con fruta en la cocina para que no se acerquen unas criaturas parecidas a los vampiros. Además, los padres a menudo les dan amuletos a sus hijos para protegerlos del "mal de ojo", que es la creencia de que alguien puede hacerte daño con solo mirarte.

El catolicismo es la religión más popular de Puerto Rico. La figura de Cristo que aparece en la foto se encuentra en la catedral de San Juan Bautista. Construida en 1521, es uno de los edificios más antiguos del país.

PUERTORRIQUEÑOS NOTABLES

Uno de los héroes históricos más notables de Puerto Rico es Pedro Albizu Campos. Albizu fue el líder del Partido Nacionalista de Puerto Rico. Él y los demás miembros del partido lucharon por la independencia de Puerto Rico a mediados del siglo XX. Debido a su asociación con el Partido **Nacionalista**, Albizu entró y salió de la cárcel en Estados Unidos varias veces durante un periodo de 25 años.

Hoy en día, muchos puertorriqueños consideran a Albizu Campos el padre del movimiento independentista puertorriqueño. Incluso después de pasar tiempo en la cárcel, Albizu siguió luchando por el autogobierno de su país.

SONIA SOTOMAYOR

Sonia Sotomayor se convirtió en la primera latina y la primera persona de ascendencia puertorriqueña en ser jueza asociada del Tribunal Supremo de Estados Unidos. El presidente Barack Obama la nombró para este cargo el 26 de mayo de 2009. Sotomayor nació en el Bronx, un distrito de la ciudad de Nueva York, y es de origen puertorriqueño. La jueza tuvo un papel muy importante en la defensa de la Ley de Cuidado de Salud Asequible en un fallo del tribunal, en 2015.

MOTIVOS PARA CELEBRAR

Los días festivos son un elemento importante de cualquier cultura. Aunque forme parte de Estados Unidos, Puerto Rico tiene sus propias fiestas y celebraciones. Igual que otros países de influencia española, Puerto Rico celebra el Día de los Tres Reyes Magos, el 6 de enero. En muchos países hispanos, ¡esta fecha es más importante que la Navidad!

La semana anterior al Miércoles de Ceniza es un período de grandes celebraciones. En la ciudad de Ponce, hay una celebración que se parece al *Mardi Gras*, pero al estilo puertorriqueño. El Carnaval de Ponce tiene su origen en el siglo XVIII y es el festival más popular de Puerto Rico. Unos personajes llamados vejigantes caminan por las calles con máscaras de monstruos. El festival termina con "el entierro de la sardina", una ceremonia popular y cómica.

La gente en esta foto, lleva el traje de vejigante en un festival de Ponce, Puerto Rico.

¿Quiénes son los vejigantes?

Los vejigantes son demonios que vienen del **folclore** puertorriqueño que tiene sus raíces en las culturas africana, española y caribeña. El nombre viene de la palabra vejiga, que es el órgano del cuerpo que contiene la orina. Los vejigantes van por las calles llevando vejigas de vaca infladas, con las cuales golpean a la gente para espantar a los espíritus malignos. El entierro de la sardina marca el comienzo del periodo de la Cuaresma. Se lleva la figura de una sardina en un ataúd y luego se queman para simbolizar la quema de los pecados de la carne.

15

SABROSOS BOCADOS

La comida puertorriqueña es muy especial por la influencia que ha recibido de las culturas que se han establecido en la isla: taínos, españoles, cubanos, africanos y estadounidenses, entre otros. La cocina de Puerto Rico es muy parecida a la comida criolla de Luisiana. De hecho, los puertorriqueños llaman cocina criolla a sus platos tradicionales. Este tipo de comida lleva alimentos y especias que crecen en la isla, como el cilantro, la papaya y el cacao.

Uno de los platos más típicos de Puerto Rico es el asopao, una sopa espesa parecida al *gumbo*. Cada persona tiene su propia forma de preparar el asopao, pero la mayoría de las recetas llevan pollo o mariscos. En Puerto Rico, los estofados son muy populares como plato principal y se pueden preparar con muchos ingredientes diferentes. El coco es uno de los ingredientes más comunes en los postres puertorriqueños.

El mofongo, mostrado aquí, es un plato popular puertorriqueño. Se prepara con plátano verde frito y machacado. Se puede mezclar con diferentes verduras y carnes.

LAS BELLAS ARTES

Muchos puertorriqueños se han hecho famosos por su arte, su música, su literatura o por ser talentosos actores o actrices. El arte es una parte muy importante de la vida puertorriqueña, y muchos artistas se han inspirado en esta bella isla. El Museo de Arte de Ponce es el museo de arte más conocido de Puerto Rico.

La literatura puertorriqueña tiene sus orígenes en la época en que los exploradores españoles comenzaron a colonizar la isla. Sin embargo, esta literatura a menudo la escribían los colonizadores y no los habitantes de la isla. Una de las escritoras más importantes de Puerto Rico es la poeta Julia de Burgos.

Después de muchos años de control político estadounidense, algunos autores puertorriqueños, como Alejandro Tapía y Rivera, considerado el padre de la literatura puertorriqueña, comenzaron a publicar obras acerca de sus experiencias como personas que no eran oficialmente ciudadanos estadounidenses.

José Campeche, retratado en esta pintura, ha sido tal vez uno de los primeros artistas visuales puertorriqueños en hacerse famoso. En la obra de Campeche, la ciudad de San Juan le sirve de musa. También ha pintado escenas de la Biblia.

19

FOLCLORE PUERTORRIQUEÑO

La cultura puertorriqueña es una mezcla de influencias taínas, españolas y africanas. Cada una de estas culturas ha contribuido con elementos de sus tradiciones al folclore de Puerto Rico.

Cuando los españoles llegaron por primera vez a la isla, tomaron nota de las historias que los taínos contaban más a menudo. En estos relatos muchas veces aparecen criaturas que andan buscando comida o gente por la noche. Algunos cuentos también hablan de cómo la naturaleza se venga de los seres humanos y cómo los huracanes pueden ser una forma de esta venganza.

Una figura popular del folclore puertorriqueño es el jíbaro. Esta palabra significa campesino, o alguien que trabaja en el campo. La figura del jíbaro del campo o de las montañas aparece a menudo en la literatura y el arte de Puerto Rico. Entre los puertorriqueños, esta palabra se usa tanto de forma cariñosa como para insultar a alguien.

En esta foto, el músico Carmelo Martel Luciano toca un instrumento que se llama cuatro. En este cuatro están pintados los siete distritos de Puerto Rico.

Música y arte folclóricos

La música y el arte tienen un papel importante en la preservación de las tradiciones folclóricas de Puerto Rico. Carmelo Martel Luciano es muy conocido no solo como músico, sino también por su talento para fabricar instrumentos como "el cuatro". Sus cuatros, bellamente diseñados, se consideran obras maestras del arte folclórico y están expuestos en el Museo de la Música Puertorriqueña, en Ponce. El cuatro se ha convertido en el instrumento nacional de Puerto Rico.

¿CÓMO VISTEN LOS PUERTORRIQUEÑOS?

Puerto Rico mantiene su propia cultura y ropa tradicional, aunque la isla forme parte de Estados Unidos. En un día cualquiera, verás que la gente se viste con ropa muy parecida a la que lleva la gente en la zona continental de Estados Unidos. Sin embargo, en determinadas ocasiones, los puertorriqueños llevan ropa especial que muestra la riqueza histórica de la isla.

La guayabera es un tipo de camisa de hombre. Estas camisas se hacen sobre medida. Tienen bolsillos en la parte delantera, no son muy ajustadas y se llevan con pantalones de vestir. Las guayaberas tradicionales, que se suelen utilizar en ocasiones más formales, se hacen con un tejido que viene de la planta de piña.

Históricamente, los taínos llevaban muy poca ropa. Solamente las mujeres casadas llevaban ropa: unas faldas llamadas naguas. Los hombres y las mujeres decoraban sus cuerpos con pintura y joyas.

En una fiesta de quinceañera, la festejada baila con su padre. Después, baila con el chico que la acompaña. Esta es la parte más esperada de la fiesta.

Quinceañeras

Cuando cumplen los 15 años, las jóvenes de Puerto Rico celebran una fiesta que se llama "quinceañera". Ese día, llevan un vestido largo parecido a un vestido de novia. La fiesta de quinceañera marca la **transición** de la chica de la niñez a la edad adulta. Puesto que los aztecas y los mayas también hacían celebraciones para marcar esta transición, se cree que la quinceañera podría haberse inspirado parcialmente en las tradiciones de los aztecas y los mayas. Las quinceañeras comienzan con una ceremonia religiosa y culminan con una gran fiesta.

SIENTE EL RITMO

La música es un aspecto muy importante de muchas culturas en el mundo. Gracias a su riqueza cultural, Puerto Rico tiene algunas tradiciones musicales muy interesantes. El güiro es una calabaza que ha sido vaciada y tiene una superficie con ranuras que sirven para hacer sonidos. Este instrumento se usa en la música tradicional y proviene de los taínos.

Dos tipos de música popular para bailar son la bomba y la plena. Para tocar la bomba, los músicos usan tambores cubiertos de cueros de animales muy tensados que se golpean con las manos. También se usan palillos y maracas. Este tipo de música tiene su origen en África.

La plena tiene sus raíces en diferentes influencias culturales de Puerto Rico. Los instrumentos que se usan para tocar este tipo de música son el güiro, el cuatro y el pandero. La gente baila y habla de los acontecimientos diarios, casi como si fuera una obra de teatro o un espectáculo musical.

Los bailes tradicionales, como la salsa, son una parte importante de la cultura puertorriqueña. La música con la que se baila, también llamada salsa, probablemente tenga su origen en la ciudad de Nueva York, después de la Segunda Guerra Mundial.

25

LOS DEPORTES DE LA ISLA

Antes de la llegada de los españoles a Puerto Rico, los taínos ya tenían sus propios deportes. Algunos de ellos se jugaban como parte de ceremonias, mientras que otros eran simplemente para divertirse. Los taínos hacían carreras, competiciones de pesca y pruebas de fuerza.

Practicar deportes y ver eventos deportivos se han convertido en actividades importantes de la cultura puertorriqueña. Hoy en día, los deportes de Puerto Rico atraen a muchos turistas de todo el mundo. Mucha gente de Estados Unidos, y de otros países, también disfruta de los eventos deportivos que se practican en la isla. Algunos de los más importantes son el baloncesto, el béisbol, el boxeo y el fútbol. Mucha gente considera que el béisbol es el deporte más popular. En 1897, después de que un grupo de puertorriqueños visitó los Estados Unidos, se establecieron en la isla los dos primeros clubes de béisbol.

Los equipos de béisbol de Puerto Rico participan en la Serie Mundial del Caribe. Muchos puertorriqueños se han convertido en jugadores de la ligas mayores.

El batu

Los taínos practicaban un deporte llamado batu, que se parecía a las luchas de los gladiadores romanos. Los partidos de batu tenían lugar en un campo con forma de U llamado batey. Estos campos también se usaban como lugares de reunión y para usos ceremoniales. Los jugadores utilizaban el cuerpo para mantener una pelota en movimiento. Dos equipos compuestos por gente de diferentes comunidades se reunían para competir. A los ganadores de este juego duro se les trataba muy bien. Sin embargo, los perdedores eran sacrificados. Cuando llegaron los españoles, impidieron que los taínos continuaran jugando al batu.

27

LA VIDA EN ESTADOS UNIDOS

Durante muchos años, los puertorriqueños se han mudado de la isla a la zona continental de Estados Unidos. Esta **migración** fue especialmente fuerte después de la Segunda Guerra Mundial. La mayoría de la gente se mudó a la ciudad de Nueva York. En 1910, había menos de 2,000 puertorriqueños en la ciudad. En 1945, había unos 13,000. Para 1946, ya habían más de 50,000. Estas cifras fueron aumentando cada año, llegando a su punto más alto en 1953. ¿Por qué se fueron tantos puertorriqueños de su tierra natal?

Los años de la guerra fueron duros para todo el mundo, especialmente para los puertorriqueños. La isla estaba pasando por una depresión económica, y mudarse a Estados Unidos representaba una segunda oportunidad para llevar un vida más cómoda. Muchos dueños de fábricas de Estados Unidos buscaban empleados en esa época y, además, los vuelos eran más económicos que nunca.

Muchos puertorriqueños fueron a vivir a las partes más pobres de la ciudad de Nueva York. El noreste de Manhattan llegó a conocerse como Spanish Harlem, o el Harlem Hispano, debido a la gran cantidad de puertorriqueños que se asentaron allí.

PUERTO RICO, HOY

La vibrante cultura de Puerto Rico se puede encontrar en la isla y por todo Estados Unidos. Aunque muchos puertorriqueños han establecido comunidades en Estados Unidos, las raíces de sus tradiciones están en su tierra natal.

Muchos puertorriqueños han trabajado arduamente para superar los prejuicios que existen contra ellos. En 1992, Nydia Velázquez se convirtió en la primera mujer de Puerto Rico en ser elegida al Congreso de Estados Unidos. Durante más de cincuenta años, numerosos poetas y artistas han luchado para hacerse oír en Estados Unidos, en el Nuyorican Poets Cafe, en la ciudad de Nueva York.

La cultura puertorriqueña ofrece una gran riqueza de historia y talento. Los puertorriqueños hacen valiosas aportaciones a este país y tienen un impacto cultural en el mundo.

GLOSARIO

arquitectura: el diseño de un edificio.

catedral: una iglesia grande que es la sede de un obispo.

circunstancia: una condición en un determinado tiempo o lugar.

empedrado: pavimentado o cubierto de adoquines, un tipo de piedras redondas que se usan a menudo para pavimentar las calles.

folclore: conjunto de costumbres, creencias, leyendas, música, arte y otras cosas tradicionales de un pueblo o un lugar.

indígenas: las primeras personas que habitan un lugar.

migración: movimiento de la gente de un lugar a otro.

musa: una fuente de inspiración.

nacionalista: relacionado con un grupo político que quiere formar una nación separada e independiente.

rebelión: lucha abierta contra una autoridad o lucha para derrocar un gobierno.

transición: el cambio de un estado, etapa o lugar a otro.

valiente: capaz de hacer algo sin temor a pesar del posible peligro.

ÍNDICE

SITIOS DE INTERNET